23ᵉ Vente **VIGNÈRES**

(Nᵒ 80)

ESTAMPES

ANCIENNES ET MODERNES

ŒUVRE DE EUG. BLÉRY

PORTRAITS

ET ENVIRON

25,000 Gravures en Lots

VENTE

HOTEL DROUOT — SALLE Nᵒ 4

Le Jeudi 25 Octobre 1888

A UNE HEURE ET DEMIE

Mᵉ Maurice **DELESTRE**	M. **DUPONT** aîné,
COMMISSAIRE-PRISEUR	MARCHAND D'ESTAMPES
Rue Drouot, nᵒ 27	Rue de Seine, nᵒ 21

PARIS — 1888

CATALOGUE

(N° 80)

ESTAMPES

ANCIENNES ET MODERNES

PAR

Aubry, Denon, J. de Frey, Quénedey, Weirotter, etc.

ŒUVRE DE EUG. BLÉRY

PORTRAITS

ET ENVIRON

25,000 Gravures en Lots

23ᵉ VENTE

Par suite du décès de M. VIGNÈRES

MARCHAND D'ESTAMPES

HOTEL DES COMMISSAIRES-PRISEURS

RUE DROUOT, 9, SALLE N° 4

Le Jeudi 25 Octobre 1888

A UNE HEURE ET DEMIE

~~~~~~

Par le ministère de Mᵉ **MAURICE DELESTRE**, Commissaire-Priseur,
rue Drouot, 27,

Assisté de **M. DUPONT** aîné, Marchand d'Estampes,
rue de Seine, 21.

~~~~~~

PARIS — 1888

CONDITIONS DE LA VENTE

———

Elle sera faite au comptant.

Les Acquéreurs paieront CINQ POUR CENT en sus du prix d'adjudication, applicables aux frais.

L'ordre du Catalogue sera suivi

DÉSIGNATION

ESTAMPES

AUBRY (Ch.)

1 — Histoire pittoresque de l'équitation ancienne et — *20*
moderne. Suite de 25 planches et texte. Très bel
exemplaire sur chine, en feuilles ; avec la couverture.

BEISSON (Et.)

2 — Portrait de J.-P. Marat d'après Boze, in-fol. — *45*
44 ép. avant la lettre.

BERJON (A.)

3 — Fleurs et plantes. Suite de 12 planches sur chine — *3*
(2 exempl.)

BOILLY (L.)

4 — Son portrait. — Le même, quatre têtes diffé-
rentes. 11 ép.

CHÉREAU (Fr.)

5 — Math.-Fr. Geoffroy, d'après Largillière, in-fol.
146 ép.

CLAUSSIN (Le chevalier DE)

6 — Feuilles d'études de têtes. 54 ép.

DAUBIGNY

7 — Paysages. 14 ép. avant la lettre.

DENON (V.)

8 — OEuvre de Vivant Denon composé de 114 pièces.
Très belles et anciennes épreuves; plus le catalogue
de l'œuvre, publié en 1803.

DESSAIN

9 — Sujets d'animaux et paysages gravés à l'eau-
forte. 116 p., quelques doubles.

DEVÉRIA (A.)

10 — Portraits de Mlle Amigo et de Tamburini. 7 ép.

DEVLAMYNCK

11 — Raphaël d'Urbin, d'après lui-même. — Portrait
de Rembrandt, avant la lettre, 15 p.

DUPLESSIS-BERTAUX

12 — Petits sujets gravés à-l'eau-forte. 24 p. sur
5 feuilles.

FREY (J. DE).

13 — Tobie et sa famille prosternés devant l'ange qui disparaît à leurs yeux, d'après Rembrandt. 13 ép. avant la lettre.

14 — La même estampe, 58 ép. avec la lettre.

15 — Le même sujet. Joli dessin à l'aquarelle.

16 — Le Bon Samaritain, d'après Rembrandt. 15 ép. avant la lettre.

17 — La même estampe. 32 ép. avec la lettre.

18 — Jacob bénissant Isaac, d'après Rembrandt. — Isaac, Jacob et Rebecca, d'après Coning. — Jacob bénit les enfants de Joseph, d'après Rembrandt. 13 ép., la plupart avant la lettre.

19 — Les disciples d'Emmaüs. — Le ménage du menuisier. — La Présentation au Temple, d'après Rembrandt. 12 p., la plupart avant la lettre.

20 — Démonstration anatomique. — Les syndics de la Halle aux draps, en 1661, d'après Rembrandt. 8 p. avant et avec la lettre.

21 — Un architecte de la marine et sa femme, d'après Rembrandt. 6 ép. avant et avec la lettre.

22 — Le roi de Rome, d'après Prudhon. Ép. avant toutes lettres. Très rare.

23 — Isaac bénissant Jacob, d'après Flinck. 60 ép.

24 — Jésus-Christ guérissant la mère de Pierre, d'après Metzu. 71 ép.

25 — L'Ermite, d'après Breeklencamp. 115 ép.

FREY (J. DE).

26 — Le Philosophe, d'après le même. 41 ép.

27 — Portrait de Gérard Dow, d'après lui-même. 47 ép.

28 — Le père de Rembrandt. 32 ép.

29 — L'homme à la plume blanche. 86 ép.

30 — L'Homme à la toque à deux plumes noires, d'après Rembrandt. 65 ép.

31 — L'Homme à l'Aigrette, d'après Rembrandt, 67 ép.

32 — L'Homme assis dans un fauteuil, d'après Rembrandt. 70 ép.

33 — Vieillard assis, avec un bâton, d'après Philip Koning. 49 ép.

34 — Le Parleur, d'après Drost. 67 ép.

35 — G.-A. Bréderode, d'après D. Baillie. 60 ép.

36 — Cornélis van Dalen, d'après lui-même. 43 ép.

37 — Martin Tromp, d'après J. Livens. 43 ép.

38 — Portrait du comte d'Hauterive. 50 ép.

39 — Paysage, d'après Rembrandt. 59 ép.

40 — La Mère de Rembrandt. — L'homme pensant. 97 ép.

41 — Six Études de figures, d'après J. Lauwers. 214 ép.

42 — Portraits de Rembrandt et autres. 43 p., en grande partie avant la lettre.

FREY (J. DE)

43 —. Portraits de Corn. van Dalen, Gérard Dow, Bréderode, Antoine Dubois, le comte d'Hauterive, Pie VII, d'après David, Martin Tromp et autres. 54 p. en différents états et épreuves d'essai.

44 — Portraits, Sujets et Études diverses, d'après Rembrandt et autres. 116 p. en différents états.

HENRIQUEZ (B.-L.)

45 — L'Amour, d'après Greuze. 19 ép.

LAROCHE (L.)

46 — Paysages. 30 ép.

LEMOINE (A.)

47 — Le comte de Nieuwerkerke, d'après Henri Lehmann. 20 ép. sur chine.

MOREAU

48 — Le Soldat laboureur, d'après Vigneron. 6 ép.

PENNAUTIER (A. DE)

49 — Paysages gravés à l'eau-forte. 28 p.

PERROT (E.)

50 — Portrait de N. Poussin, d'après lui-même. 22 ép.

PROT

51 — Le Génie de Bacchus. — Le Génie de Pan, d'après Jules Romain. 33 ép.

PRUDHON (D'après)

52 — L'Amour et l'Amitié, par Colette. 49 ép.

QUÉNEDEY

53 — Partie de l'Œuvre de Quénedey. 304 pièces, dont plusieurs en couleur; quelques doubles.

SURUGUE (L.)

54 — Et.-Fr. Geoffroy, médecin, d'après Largillière, in-fol. 44 ép.

TRIMOLET ET DAUBIGNY

55 — Inauguration de la colonne de la Bastille, le 28 juillet 1840. 33 ép.

WEIROTTER

56 — Son Œuvre, contenant environ 200 paysages. 1 vol. demi-rel. v., très belles ép.

ŒUVRE DE EUG. BLÉRY

Cet œuvre collectionné par M. Vignères à mesure que chaque planche paraissait est peut-être le plus complet. Outre plusieurs paysages dont les planches ont été brisées, chaque pièce se trouve en différents états tirés seulement à deux ou trois épreuves, toutes sur papier de Chine et la plupart avec des notes de l'Artiste et signées de lui.

57 — Eaux-fortes, suite dite des sept planches, in-4 (H. Béraldi, *Les Graveurs du XIXe siècle*, 7-13). Ep. du 2e état. Signées.

58 — Eaux-fortes de la même suite, 13 ép. à l'eau-forte pure et premiers états. Signées.

59 — Le Pont de Dorieu, près de Lyon, gr. in-fol. (14). Ep. du 1er état après l'eau-forte. Signée.

60 — La même estampe, très belle ép. sur Chine.

61 — Le grand Bouleau, in-fol. (15), 2 ép. très rares, la planche ayant été brisée. Signées.

62 — Trois grandes études d'arbres, in-fol. (15-17), 3 p. à l'eau-forte pure. Signées.

63 — La même suite. 3 p. en 2e et 3e états. Signées.

64 — Epreuves de la même, suite, 6 p. en premiers états. Signées.

65 — Etudes dessinées et gravées d'après nature, in-4 (20-27) 8 p. à l'eau forte pure. Signées.

66 — La même suite. 8 p. à l'eau-forte pure et 2e état. Signées.

67 — Epreuves de la même suite, 16 p. en premiers états. Signées.

68 — Le Vieux Chêne aux Mares de Bellecroix, in-fol. (28). Superbe ép. sur Chine. Signée.

69 — Le même paysage, 6 ép. du 1er au 6e état. Signées.

70 — Le Moulin de Montreux, in-fol. (29), 5 ép. du 1er au 3e état. Signées.

71 — Le Moulin de Montreux (29). — Le Torrent (35), in-fol. 2 très belles ép. sur Chine.

72 — Le Torrent, in-fol. (35), 3 ép. du 1er au 3e état. Signées.

73 — Le Vieux Chêne à la figure assise (44). 4 ép. du 1er au 4e état. Signées.

74 — Le Grand dessous de bois, in-fol. (45), 4 ép. du 1er au 4e état. Signées.

75 — Le Chêne au paysage ou à la cabane, in-fol. (46). 2 ép., 1er et 2e états. Signées.

76 — Le Vieux Chêne à la figure assise (44). — Le Grand dessous de bois (45). — Le Chêne au paysage ou à la cabane (46), in-fol. 3 p. très belles ép. sur Chine.

77 — Souvenirs du Dauphiné, in-fol. (47-47 bis), 2 très belles ép. sur chine.

78 — La même estampe. 6 ép. en premiers états.

79 — Les deux hêtres de la vallée de la Solle à Fontainebleau, in-4 (56). Ep. à l'eau-forte pure. Signée.

80 — Les Chênes au Ravin, in-fol. (57). Très belle ép. sur Chine.

81 — La même estampe. 3 ép. du 1er au 3e état. Signées.

82 — Suite de huit eaux-fortes gravées sur nature-près Dampierre, in-8 et in-4 (70-75 et 155-156). 8 p. en premiers états. Signées.

83 — Les Chênes du Vaux-de-Cernay, près Senlisse, gr. in fol. (76). 2 ép. 1er et 2e états. Signées.

84 — Le Ravin de Senlisse, gr. in-fol. (77). 2 ép., 1er et 2e états. Signées.

85 — Les Chênes du Vaux-de-Cernay près Senlisse (76) — Le Ravin de Senlisse (77). 2 p., ép. superbes. Signées.

86 — Les mêmes estampes, 2 très belles ép.

87 — Album de six pièces gravées sur nature près Dampierre, in-8 et in-4 (78-83). Ep. avant le nom.

88 — Suite de quatre paysages, in-4 (84-87). 4 p. à l'eau-forte pure. Signées.

89 — La même suite. 4 p. terminées, avec le titre. Signées.

90 — Les mêmes paysages. 13 ép. en premiers états. Signées.

91 — Le Ruysdaël, in-4 (88). 4 ép. du 1er au 4e état sur Chine. Signées.

92 — Le même paysage, en contre-partie (inédit). 3 ép. d'essai. Signées. Très rare, la planche ayant été brisée.

93 — Les Chênes de l'étang de Cernay, près de Senlisse, gr. in-fol. (89). Très belle ép.

94 — La même estampe. 2 ép. des 1er et 2e états. Signées.

95 — Recueil de Paysages à l'eau-forte, in-4 (90-101). Suite de 12 p., plusieurs avant le nom du graveur. Signées.

96 — Le vieux Chêne au bois de Boulogne, in-fol. (102). Très belle ép. sur Chine.

97 — Le Tertre au bouquet de chênes, in-fol. (103). Très belle ép. sur Chine.

98 — Le Moulin et la Cascade de Grésy, in-fol. (104). Très belle ép. sur Chine. Signée.

99 — Les bords du Loing, près Nemours (108). — Lisière de bois à Rambouillet, in-fol. (109). 2 p. très belles ép.

100 — Les quatre Ruisseaux, in-4 (110-113). 4 p., premières ép. Signées.

101 — Le Charlemagne et le Roland, dans la forêt de Fontainebleau, gr. in-fol (114). Très belle ép. sur Chine. Signée.

102 — La même estampe. Très belle ép. Signée.

103 — Le Bouquet d'arbres ou les Tilleuls (115). — La Lisière de Forêt ou la Haute-Futaie (116), 2 p., Très belles ép. sur Chine.

104 — Le gros Tronc de hêtre, in-fol. (117). Superbe ép. sur Chine.

105 — Le Moulin d'Enjubert, in-fol. (118). Très belle ép. sur Chine.

106 — Le Chêne et le Roseau, in-fol. (119). Magnifique ép. sur Chine.

107 — Intérieur de forêt à Fontainebleau, in-fol. (120). — Belle ép. sur Chine.

108 — Le Chêne aux roches de l'Étang (126). — La Clairière, gr. in-fol. (127). 2 p., très belles ép. sur Chine.

109 — Le vieux Chêne aux deux Vaches (132). — La Rencontre dans le ravin (133). — Le Banc de rochers abandonné (134), gr. in-fol. 3 p., très belles ép. sur Chine.

110 — Bords de la rivière d'Epte (137). — Lisière de forêt au vieux chêne (138). — Le Plateau de Belle-croix à Fontainebleau (139). — La Cascade de Sasse-nage (140). In-fol. 4 p., très belles ép. sur Chine.

111 — Deux études, in-4 (141-142), 8 ép. en premiers états. Signées.

112 — Les quatre Grandes plantes, in-fol. (143-146), 4 p. à l'eau-forte pure. Signées.

113 — Les mêmes estampes, 4 p. du 2º état. Signées.

114 — Les mêmes estampes, ép. terminées. Signées.

115 — Les quatre grandes plantes, 17 ép. en différents états. Signées.

116 — Les deux Grandes plantes, in-fol. (153-154), 2 p. du 1ᵉʳ état. — Plus une répétition du nº 154 en contrepartie (inédite). Signées.

117 — Les deux grandes plantes (153-154), ép. du 2º état. Signées.

118 — Les mêmes estampes. Très belles ép. terminées.

119 — Plantes variées, in-8 (157-162). Suite de 6 pièces à l'eau-forte pure. Signées.

120 — Plantes variées, 18 ép. en premiers états. Signées.

121 — Planches diverses (196-200 et 204-205), in-fol. et gr. in-fol. 7 p., très belles épreuves sur chine.

122 — Petits paysages, in-12, 1846 (inédits), 4 p. Signées.

123 — Le Petit Pont de bois, in-8 (inédit), 4 ép. d'essai. Signées.

124 — Paysage avec ruines, in-4 (inédit). 2 ép. Signées. La planche a été brisée.

125 — Lisière d'un bois, gr. in-fol. (inédit). Ep. à l'eau-forte pure. La planche a été brisée.

126 — Répétition du même sujet, avec différences, gr. in-fol. (inédit). 3 ép. des 1er, 2e et 3e états. Signées.

127 — Grand paysage avec un ravin et de hautes montagnes, très gr. in-fol. (inédit). 3 ép. des 1er, 2e et 3e états. Signées.

128 — Grand intérieur de forêt, très gr. in fol. (inédit). 2 ép. dont une à l'eau-forte pure et une autre terminée. Signées.

129 — Lisière de forêt. — Grand paysage avec ravin et hautes montagnes. 3 p.

130 — Paysages in-8 et in-4. 26 p., très belles ép. Signées.

131 — Eaux-fortes diverses, in-8 et in-4. 19 p. en premiers états.

132 — Etudes de plantes, in-4. 7 p. en premiers états.

133 — Paysages in-fol. 11 p., très belles ép. sur Chine, la plupart signées.

134 — Paysages, in-fol. et gr. in-fol., 18 p., très belles ép. sur Chine. Signées.

135 — Guide industriel, suite de 24 planches lithogr. — Groupes de plantes variées, suite de 12 pl. Ensemble 36 p.

136 — Groupes de fleurs, lithographies. — Guide industriel. — Frontispices, 51 p. en noir et coloriées.

137 — Groupes de plantes variées, dessinées d'après nature et lithographiées par Eug. Bléry, publiés par Wild. Suite de 12 p. sur Chine (46 exempl.).

138 — Groupes de plantes. 200 ép., en nombre.

GRAVURES EN LOTS

139 — Sous ce numéro seront vendus 120 portefeuilles contenant environ 25,000 estampes anciennes et modernes : portraits, vues, paysages, ornements, fleurs, catalogues, etc.

140 — Un fort lot de papiers anciens en feuilles et en volumes, vieux papier à dessin, cartons et portefeuilles de très grande dimension.

A. Maulde et Cie, imprimeurs de la Compagnie des Commissaires-Priseurs, rue de Rivoli, 141.   300—90560

[illegible]

PORTRAITS

Gravés par P.-A. VARIN et Autres

POUR ILLUSTRER

LES GRAVEURS DU XVIIIe SIÈCLE

ESTAMPES, PORTRAITS, VIGNETTES

PAR

M. le baron R. PORTALIS et M. H. BERALDI

Publiés par MM. MORGAND et FATOUT

1er VOLUME	2e VOLUME
* Anselin.	Eisen.
* Balechou.	Fragonard
* Bartolozzi.	Gaucher.
Boucher.	Gillot.
* Cars.	Gravelot.
* Chedel.	Greuze.
* Chodowiecki.	* Hogarth.
Choffard.	* Janinet.
Cochin.	* Lalive de Jully.
Debucourt.	Launay (N. De).
* Denon.	Lecomte (Marg.).
* Desrochers.	* Longueil (De).

3e VOLUME

Marcenay (De).	Saint-Aubin (Aug. de).
* Miger.	Saint-Non (Abbé de).
Moreau le jeune.	* Schmidt (G.-F.).
* Ponce.	Watteau.
Prudhon.	Watelet.
Regnault.	Wille.

Les 15 Portraits avec * gravés spécialement pour cette suite,
ne se vendent qu'ensemble avant la lettre ou lettre grise.

Bistre ou Noir, 30 fr.; sur Chine, 37 fr. 50.

En Bistre ou en Noir, chaque............ 1 »
Sur Chine.......................... 1 25

Chez VIGNÈRES, Éditeur, 21, rue de la Monnaie